Nancy Holten

CALL of our COSMIC ROOTS

Der Ruf unserer Sternengeschwister

Made with love

LEVIN
I see YOU

Widmung

Für meine 3 Töchter
Samira, Amelie & Ladina

Danke,

dass wir uns gegenseitig
unterstützen und dass ihr
mich so viel gelehrt habt
über Toleranz und
bedingungslose
Annahme.

Inhalt

Vorwort

Nancy durfte ich vor einigen Jahren kennenlernen. Ich sah eine Frau, die sich so enorm für die Tiere einsetzte, die sich nicht zu schade war, sich ganz zu zeigen in der Öffentlichkeit, ohne andere anzugreifen, um Bewusstsein für das Leid der Tiere zu schaffen.

Mich beeindruckte, mit welcher Aufrichtigkeit und Ehrlichkeit, wie mutig und ohne Rücksicht auf eigene Verluste sie sich für die Liebe und das respektvolle Miteinander für alle Geschöpfe auf dieser Erde einsetzte. Egal wo sie war, sie war immer absolut authentisch. Ohne andere anzugreifen, konnte sie ihre Werte vermitteln. Ich wusste, diese Frau möchte ich kennenlernen. Diese Seele ist so von Wahrhaftigkeit und von Liebe erfüllt, diesen Menschen möchte ich in meinem Lebensumfeld haben. Sie wird Großes bewirken und ich weiß, dass wir eine gemeinsame Aufgabe haben. Das Bewusstsein auf dieser Erde zu erhöhen und uns gegenseitig zu unterstützen.

Mit der Zeit lernten wir uns kennen und schätzen, sie hatte eine erfolgreiche Fernsehsendung im Schweizer TV und irgendwann hat sie mich in ihren TV-Sender eingeladen, um mit mir ein Interview über die Kinder und Beziehungen der neuen Zeit zu führen. Es ist für mich eine Ehre, mit dieser so bewussten Frau die neue Zeit mitzugestalten.

Nancy ist eine Frau, die nicht manipulierbar ist. Seit sie ein kleines Kind war, ist sie hellsichtig, hellhörend und hellwahrnehmend. Sie hat einen wundervollen Zugang zur feinstofflichen Welt, der genau jetzt in dieser Zeit gebraucht wird.

Auch ist sie durch viele Höhen und Tiefen gegangen und hat selbige gemeistert. Sie wirkt als Diener für die Menschen wie auch für die Tiere, sodass sie in ihre göttliche Kraft kommen. Wenige Menschen haben solch eine Verpflichtung zur Wahrheit in sich wie Nancy.

Für ihre Authentizität lege ich meine Hand ins Feuer. Sie gehört zu den Menschen, die ein Fels in der Brandung sind, ein Leuchtturm in der Dunkelheit und die Struktur im Chaos. Als ich sie Anfang des Jahres 2022 fragte, ob sie bereit sei, ihre Verbindung zur feinstofflichen Welt, ihren Kontakt zu anderen Wesen und ihre tiefen Kenntnisse von der Natur der Seele in einem Kartenset zu manifestieren, spürte sie, dass dies der richtige Weg ist.

Wir sind jetzt in einer Zeit, in der sich der Prozess des Bewusstseins auf dieser Erde dermaßen beschleunigt, dass es alle Tools braucht, um mit den Situationen auf diesem Planeten konstruktiv umgehen zu können. Ich bin dankbar, dieses Kartenset von Nancy Holten herausgeben zu dürfen. Ebenso danke ich Ute Leilani Meuser für ihre großartige Hilfe und Unterstützung. Ohne sie würde dieses Kartenset nicht existieren. Ihre feinfühlige Arbeit ist ein wundervolles Geschenk an die Menschheit. Mein großer Wunsch ist es, dass es vielen Menschen hilft, sich selbst zu erkennen, in diesen stürmischen Zeiten Halt in sich zu finden und in sich eine Welt zu kreieren, die sich im Außen manifestieren wird. Eine Welt voller Achtsamkeit und Liebe, voller Rücksicht und Hingabe.

Von Herzen, Levin Jeffrey Lamb

Einleitung

Als ich noch ein kleines Mädchen war, schaute ich viel in den Himmel zu den Sternen und wusste, dass ich nicht von hier herkomme. Es war mir alles fremd und ich fühlte mich einsam. Ich habe mich mit den Tieren, den Tierseelen und allem Unsichtbaren verbunden, z. B. mit meinen Elfen, Einhörnern, Kobolden und Feen.

Ich fühlte mich als Kind nicht sehr verstanden von den Menschen, weil ich selbst diese Welt nicht so sehr kannte. Die Liebe zu den Menschen erwachte bei mir im späteren Erwachsenendasein. Denn zuvor war ich so tief mit den Tieren und der Anderswelt verbunden, weil sie so authentisch sind.

Ich konnte nicht verstehen, warum die Menschen nicht ihr wahres Ich, ihr wahres Sein zeigen, sondern dass da so viele Masken über ihnen lagen. Ich konnte durch diese Hüllen schon immer hindurchsehen. Ich wusste, wann die Menschen nicht die Wahrheit sagten oder wann sie etwas sagten, aber etwas anderes meinten. Ich spürte ihre wahre Sehnsucht und das, was sie wahrhaftig sein möchten. Viele Menschen haben sich verloren, sind aber jetzt wieder auf dem Wege zu sich selbst. Sie spüren, dass es die Zeit ist des Loslassens, des Loslassens der Hüllen und Masken, die sie um sich herum gelegt hatten. Sie lassen alles fallen, was sie nicht mehr brauchen, eins nach dem anderen.

Dieses energetische Kartenset wird die Menschen dabei unterstützen, weil die Kartenbotschaften von meiner Seele stammen, von meiner Herkunft, in Zusammenwirken mit meinen galaktischen Brüdern und Schwestern aus einem anderen Kosmos, aus einer anderen Daseinsebene. Aus einer Ebene, wo die Existenzen und ihr Bewusstsein höher schwingen. Sie sind friedlich, harmonisch und hochentwickelt. Unsere Sternengeschwister sind im Frieden mit sich selbst und authentisch, so wie sie sind. Sie stehen im Dienste des Ganzen, achtsam miteinander wirkend.

Meine galaktischen Brüder und Schwestern helfen mir schon immer. Ich stehe in Kontakt mit ihnen, seit ich denken kann. Als Kind war es noch eher unbewusst. Heute, nach vielen Jahren der geistigen Schulung, kann ich ihre Botschaften besser verstehen und sie als Kanal für die Menschen übermitteln.

Mein Wunsch ist es, dass die Menschen sich in ihrem wahren Sein, in ihrer wundervollen Größe, erkennen dürfen, sich selbst lieben und ein wundervoll schöpferisches Leben leben, so, wie es ihnen gefällt. Denn wenn die Menschen selbst glücklich sind und in ihrem wahren Sein erstrahlen, so sind sie auch friedlich zu anderen Wesen und auch zu unserem Planeten, der Mutter Erde.

Vor vielen Jahren hat mir selbst ein Engel-Kartenset, welches ich von meiner geliebten Mama bekommen habe, Tag für Tag auch in herausfordernden Zeiten geholfen. Mein Wunsch ist es, mit meinem Energie-Kartenset mit den Botschaften der galaktischen Föderation auch dir einen Dienst zu erweisen und dir jeden Tag Impulse zu geben, wie du dein Leben friedlicher und bewusster leben kannst.

Es gibt so viele Sternensaaten auf dieser Erde. Damit sind Seelen gemeint, die hier auf der Erde inkanierten, aber zuvor auf vielen anderen Planeten schon gelebt haben. Vielleicht erkennst auch du dich als Sternensaat und diese Botschaften helfen dir, dich daran zu erinnern, wer du bist.

Wir steuern auf eine neue Zeit zu, eine neue Epoche, die schon längst da ist. Und immer mehr Menschen kommen im Bewusstsein dieser Ebene an. Es ist die lichtvolle Welt, eine lichtvollere Ebene - sie ist bereits da. Wir brauchen nur dort einzutauchen mit unserem Bewusstsein, und so leben wir diese lichtvolle, wundervolle Welt bereits jetzt in diesem Tag.

Jedes Wort trägt eine eigene Schwingung. Genauso, wie diese Karten auch. Sie sollen dir dabei helfen, deine eigene Frequenz besser zu spüren und deine wahre Größe zu leben und zu entfalten, damit dein Leben leichter und lichtvoller ist.

Das Wissen, welches diese Energiekarten enthalten, stammt nicht von dieser Ebene, nicht von der Erde, auf der wir leben, sondern es kommt von einer Welt, in der dieses Wissen bereits gelebt wird. Sei es aus den höheren Ebenen oder von Planeten mit höher entwickeltem Bewusstsein. Ich erinnere mich daran. Ich erinnere mich, wie es ist, wenn wir als Kollektiv miteinander friedlich in liebevoller Koexistenz mit allen Lebewesen leben. Ich erinnere mich daran, wie es ist, wenn wir aus der reinen Willenskraft Dinge, eine Behausung oder eine Frucht manifestieren. Ich erinnere mich daran, wie es ist, dass man in diesen Ebenen keinen Müll produziert und nichts verschwendet wird, weil wir alles materialisieren oder dematerialisieren mit unserem Geiste. Dieses Wissen ist in codierter Form in den Karten enthalten. Wenn du diese Karten in den Händen hältst, eine Karte an einem Tag ziehst, so dringt dieses tiefere Wissen, welches in den Karten enthalten ist, in die tiefsten Ebenen deiner Zellen und es kann sein,

dass dir dies hilft beim Erwachen. Dieses Wissen, das in deine Zellen dringt, kann dich unterstützen, dein wahres Potenzial zu erkennen, sodass dein wahres Wesen wieder nach vorne kommt. Dies ist mein Wunsch, dass diese Karten dir jeden Tag helfen mögen auf deinem Wege in ein erwachtes Bewusstsein.

Unsere Sternengeschwister schauen uns zu und beobachten uns vom ersten Atemzug deiner Geburt bis zu deinem letzten, wenn du wieder in die geistige Welt wechselst. Wisse, dass du immer umgeben bist von so viel Hilfe, wie du benötigst, bist du selbst in der Kraft bist, alles alleine zu meistern.

In Dir, lieber Levin, habe ich einen Seelenbruder gefunden, eine Seele, die mir schon oft begegnet ist in vielen Inkarnationen, wo wir uns immer gegenseitig auf unserem Weg unterstützt haben. Danke auch an Leilani und Levins Team, die dieses Projekt verwirklicht haben. Es hat mir große Freude bereitet. Und dies ist auch ein Zeichen der neuen Zeit: wenn Projekte lichtvoll und leicht fließen dürfen. Das ist auch ein Zeichen, dass die Energie aus den höheren Ebenen kommt. Lieben Dank, lieber Levin.

Tipps zur Anwendung

Ich bin ein Fan der Intuitiven Legung. Das heißt, du nimmst eine oder mehrere Karten nach deinem eigenen Gefühl.

Es gibt keine Regeln, außer die, die du selber machst. Wisse, dass du immer begleitet bist von deinem Licht-Team. Und wenn eine Karte beim Mischen zum Beispiel hinausfällt, so wisse, dass dies die Richtige ist für dich.

Fühle hinein, was der Text auf der Karte mit dir macht und ergänze es mit deinem intuitiven Wissen. Denn wenn du etwas liest und noch mehr Informationen benötigst, so verlasse dich darauf, dass diese automatisch zu dir fließen. Vertraue auf die Bilder, die Wörter, die Sätze, die du erhältst, während du eine meiner Karten liest.

Die galaktischen Botschaften dürfen dir auch dabei helfen, wieder den Kontakt mit deinen Sternengeschwistern zu fühlen und dich daran zu erinnern, in welcher Verbindung du mit ihnen stehst.

Sie energetisieren deinen Alltag, sie helfen dir bei deiner Erinnerung, sie aktivieren dein Zellbewusstsein und die außerirdische DNA in dir, sodass du in deinem Tagesbewusstein voll und ganz auf die Erinnerungen in deinen früheren Leben auf anderen Planeten zugreifen kannst.

Du siehst, dass diese Karten ein vielfältiges Spektrum an Aufgaben haben. Sie helfen dir einerseits im Alltag bei Herausforderungen, andererseits wirken sie auch energetisch in dein Feld (hin)ein und helfen dir, in deinem Bewusstsein mehr zu erwachen.

Diese Karten sind für alle Wesen, Kreaturen auf dieser Erde gedacht. Du kannst sie auch gerne einsetzen für deine Tierwesen, Tierbegleiter, die bei dir sind. Oder deine Familienmitglieder - ob jung oder alt, spielt keine Rolle.

Wenn dich eine Karte besonders berührt, so lege sie unter dein Kopfkissen oder stelle die Karte für einen Tag auf. So bleibt die Energie, durch die Karte symbolisiert, in deinem Tagesbewusstsein, in deinem Felde präsent.

»Meine Worte sind für deinen Verstand, meine Energie ist für deine Seele.«

Infinity
In der Unendlichkeit spielt Zeit keine Rolle.
1

1 INFINITY

In der Unendlichkeit spielt Zeit keine Rolle.

Nutzt du das Wissen rund um die Zeit?

Lerne, die Zeit für dich arbeiten zu lassen, sodass es für dich angenehm ist. Verlangsame sie, beschleunige sie. Dies alles ist möglich. Für ein Projekt, für einen Wunsch, oder wenn du irgendwo hingehst, vielleicht auch feststeckst. Achte dabei immer auf deine Intuition, vertrau deinen Wahrnehmungen. Dies ist eine neue Macht aus dem höheren Bewusstsein. Beschleunigst du die Zeit, so wird sie sich danach wieder kurz verlangsamen. Dies bringt alles wieder in die Balance. Andersherum genauso. Verlangsamst du die Zeit, so wird sie sich danach kurzfristig wieder beschleunigen. Dies ist nicht für die anderen spürbar, aber für dich, der mittendrin ist.

Affirmation:

Ich habe immer Zeit für alles, was mir wichtig ist.

Die Botschaft deiner Sternengeschwister:

»Die Gesetze der Zeit existieren lediglich in der Dritten Dimension. Hebst du dein Bewusstsein in die höheren Dimensionen an, hast du alle Möglichkeiten, in der Zeit hin und her zu gehen und sie für dich zu nutzen. Vergangenheit, Gegenwart, Zukunft. In den höheren Ebenen ist die Zeit nicht mehr existent.«

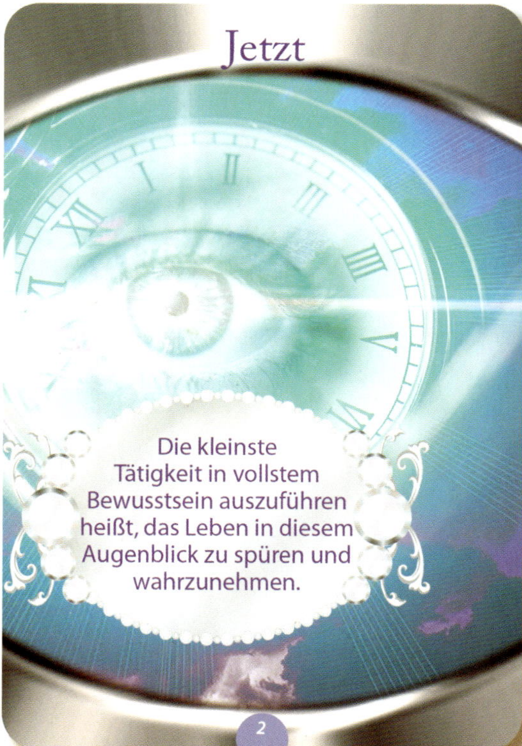
Jetzt
Die kleinste Tätigkeit in vollstem Bewusstsein auszuführen heißt, das Leben in diesem Augenblick zu spüren und wahrzunehmen.
2

2 JETZT

Die kleinste Tätigkeit in vollstem Bewusstsein auszuführen heißt, das Leben in diesem Augenblick zu spüren und wahrzunehmen.

Was bringt dich in einem einzigen Augenblick vollkommen ins Staunen, was läst deine Sternenaugen glitzern, so dass du alles um dich herum vergisst?

Betrachte alles, was du tust, aus den Augen eines Neugeborenen. Ein Baby findet alles interessant und macht ‹eine Wertung. Mit dieser kindlichen Neugier wirst du feststellen, dass alles, was du tust, erfüllend sein wird für dich.

Affirmation:
Ich erlebe jeden Augenblick vollends bewusst.

Die Botschaft deiner Sternengeschwister:
»Für ein erwachtes Bewusstsein erfüllt jede Tätigkeit einen höheren Sinn. Wertungen, ob eine Tätigkeit wichtig oder unwichtig ist, entfallen.«

Selbstverantwortung
Die Opferrolle dient dazu, uns klein zu halten, die Verantwortung für unser eigenes Leben nicht übernehmen zu müssen.
3

3 SELBSTVERANTWORTUNG

Die Opferrolle dient dazu, uns klein zu halten, die Verantwortung für unser eigenes Leben nicht übernehmen zu müssen.

In welchen Bereichen deines Lebens hast du Verantwortung abgegeben? Wofür stehst du Jetzt?

Dies ist eine Übungssache. Jahrelang hast du destruktiven Gedanken Platz gegeben, sodass sie sich manifestiert haben in deinem Leben. Nun ist es an der Zeit, dies umzuwandeln. Übe jeden Tag, dich neu und fokussiert auf das zu richten, was du jetzt haben möchtest. Nutze die Möglichkeit, Notizen aufzuschreiben, sie in deiner Wohnung sichtbar aufzuhängen, sie in deinem Handy zu speichern und immer wieder gedanklich durchzugehen. Dies hilft dir, dass dies zu einer neuen, positiven schöpferischen Gewohnheit wird in diesem Leben.

Affirmation:

Ich schöpfe mein Leben voller Freude, Liebe, Leichtigkeit und Fülle. Jederzeit! So sei es!

Die Botschaft deiner Sternengeschwister:

»Wir sehen dich als großes Schöpferwesen. Ob positiv oder destruktiv wirkend, liegt allein in deiner Hand. Vielen Menschen ist nicht bewusst, dass sie ihr jetziges Leben selbst gestalten, sie erkennen noch nicht, was für eine Macht sie haben. In dem Augenblick, wenn dir bewusst wird, lieber Mensch, was du für ein Kraft hast, wirst du bewusst deine Schöpferenergie auf das lenken, was du wirklich haben möchtest, sodass Reichtum, Gesundheit, Partnerschaft usw. sich in deinem Leben manifestieren werden.«

Lernpartner
Das Kind lernt von den Eltern, die Eltern lernen vom Kind. Ist dies ausgewogen, so entstehen ein gesunder, natürlicher Austausch und Wachstum für beide.
4

4 LERNPARTNER

Das Kind lernt von den Eltern, die Eltern lernen vom Kind. Ist dies ausgewogen, so entstehen ein gesunder, natürlicher Austausch und Wachstum für beide.

Was erkennst du, wenn du in die Seele deines Kindes schaust? Was nimmst du wahr? Wo spiegelt es dich?

Indem wir uns alle gleichstellen, ganz unabhängig ob jung oder alt, haben wir eine andere Umgangsform miteinander. Wir können auf Augenhöhe kommunizieren. Und wir erkennen, dass wir immer gegenseitig voneinander lernen können. Eine der größten Errungenschaften, die wir als Eltern erreicht haben, zeigt sich, wenn das erwachsene Kind immer noch Teil unseres Lebens und gerne mit uns zusammen ist. Schaue tief in die Augen deines Kindes und erkenne all das Wissen, das dieses wunderbare Wesen bereits in seine Seele integriert hat.

Affirmation:

Ich lerne von dir, du lernst von mir, wir lernen voneinander.

Die Botschaft deiner Sternengeschwister:

»Als kosmisches Wesen erinnerst du dich daran, dass du in deiner irdischen Familie verschiedene Rollen einnimmst. Mal bist du der Vater, mal die Mutter, die Tochter, der Sohn, der Mann, die Frau.«

Lebendigkeit
Tust du im Jetzt, was dein Herz erfreut, dann fühlst du dich lebendig.
5

5 LEBENDIGKEIT

Tust du im Jetzt,
was dein Herz erfreut, dann fühlst
du dich lebendig.

**Folgst du deinen Wünschen?
Wonach ist dir gerade? Nach einem Blumenstrauß, einer warmen Badewanne oder einer Massage?**

Gönne dir alles, was dein Herz erfreut und jubeln lässt. Jedesmal, wenn du etwas für dich selbst tust, erhöhst du dein Bewusstsein und heilsame Kräfte werden wach.
Es gibt nichts Schöneres, als in jedem Augenblick deinem Herzen zu folgen. Dies macht dich wieder zu einem Kind. Lebendig, freudig, neugierig, im reinen Jetzt lebend.

Affirmation:
In jedem Augenblick folge ich meinem Herzen.

Die Botschaft deiner Sternengeschwister:
»Unser Bewusstsein ist ständig in der Jetzt-Ebene. Wir agieren jederzeit aus dem Aspekt des höchsten Wohles, welches aus der reinen, universellen Liebe stammt.«

Offenbarung
Der Himmel offenbart sich dir, wenn du dein Bewusstsein in die höheren Ebenen bringst.
6

6 OFFENBARUNG

Der Himmel offenbart sich dir, wenn du dein Bewusstsein in die höheren Ebenen bringst.

Wie bringe ich mich in die höheren Ebenen?

Dein wahres Zuhause ist in den höheren Ebenen, dem Sitz deiner Seele. Je näher du dich in diese Ebene bringst, desto wohler fühlst du dich, desto mehr Zuhause angekommen. Denn es entspricht deinem wahren Selbst.

Friedliches, sanftes Ein- und Ausatmen, den Fokus auf dein inneres Wesen ausgerichtet, mit deinen Augen auf dein drittes Auge, ruhig, friedlich, einladend und fokussiert auf die höheren Ebenen – dies bringt dich immer weiter nach oben. Diese Übung kannst du mehrmals täglich machen, immer, wenn du das Bedürfnis dazu hast.

Mit der Zeit verankerst du dein Bewusstsein immer mehr dort (in den höheren Ebenen). Je mehr Zeit du dort verbringst, desto leichter fällt es dir, dort zu verweilen und es wird zu einem bewussten Teil in diesem Leben.

Affirmation:

Ich fühle den Himmel in mir. Jederzeit.

Die Botschaft deiner Sternengeschwister:

»Auf diesen Ebenen wird der Kontakt mit uns, deinen Sternengeschwistern, immer einfacher und intensiver. Der telepathische Austausch mit uns, sowie Informationen von unserer Seite zu dir, können in diesen höheren Spähren viel leichter und direkter vermittelt werden.«

Leichtigkeit des Seins
Die Leichtigkeit des Seins offenbart sich, wenn wir aus der Neutralität be- trachtend erkennen, dass alles unserem Wachstum dient.
7

7 LEICHTIGKEIT DES SEINS

Die Leichtigkeit des Seins offenbart sich, wenn wir aus der Neutralität betrachtend erkennen, dass alles unserem Wachstum dient.

Wie reagierst du mit Leichtigkeit auf deine Herausforderungen?

Viele Menschen fühlen sich von den täglichen Herausforderungen überfordert. Durch das ständige Aufsagen des Problemes vergrößert sich die innere Belastung durch die fokussierte Energie darauf. Besser wäre es lösungsorientiert zu bleiben.

Affirmation:

Was mir geschieht, ist neutral und ich reagiere mit Leichtigkeit darauf.

Die Botschaft deiner Sternengeschwister:

»Deine kosmische Seele teilt dir mit, dass du alles Wissen bereits hast, um jetzt deine Lektionen erfolgreich zu bestehen.«

Einfachheit
Göttlichkeit zeichnet sich durch Einfachheit aus.
8

8 EINFACHHEIT

Göttlichkeit zeichnet sich durch Einfachheit aus.

Was bedeutet einfach gelebte Göttlichkeit?

Der Intellekt deines Verstandes möchte gerne gehört werden. Er benutzt viele Wörter, um andere zu beeindrucken. Die Wahrheit ist aber immer einfach und durch wenige Worte auszudrücken. Auch deine Handlungen sind in der Einfachheit mehr dem Göttlichen zugewandt als manch kompliziertes Konstrukt. Der Verstand schwingt wie dein Körper auf einer tieferen Ebene als dein wahres Bewusstsein.

Affirmation:

Ich lebe jetzt meine wahre Göttlichkeit.

Die Botschaft deiner Sternengeschwister:

»Dein einfaches authentisches Sein im menschlichen Leben bringt deine wahre Göttlichkeit zum Vorschein.«

Heilung
Damit der Körper und der Geist wieder gesunden, braucht es Heilung auf vielen Ebenen. Die Essenz der Heilung ist die Liebe.
9

9 HEILUNG

Damit der Körper und der Geist
wieder gesunden, braucht es Heilung
auf vielen Ebenen.
Die Essenz der Heilung ist die Liebe.

Wie manifestiere ich göttliche Gesundheit?
Wie werde ich heil sein?

In allen Universen ist die höchste Ebene die Liebe. Strömt diese durch dich durch, halte diese Qualität in all deinen Zellen und in all deinen Körpern. Die Liebe fließt durch dich so, wie sie soll, wie es deinem Karma entspricht, deinen emotionalen, psychischen, physischen Aufgaben in diesem Leben. Versuche, aus der Opferrolle des Schmerzes herauszukommen. Nehme deine jetzige Situation in Liebe an. Bitte die Engel um Führung deiner nächsten Schritte in deinem Heilungsprozess.

Affirmation:
Ich bin die reinste Frequenz der Liebe. Ich bin heil.

Die Botschaft deiner Sternengeschwister:
»Wir wirken zusammen mit geistigen Chirurgen und Naturwesen aus der Frequenz der Liebe, um euren Körper zu stärken und zu heilen.«

Absicht
Deine Absicht, ein besserer Mensch zu sein, lässt dich zu einem besseren Menschen werden.
10

10 ABSICHT

**Deine Absicht,
ein besserer Mensch zu sein,
lässt dich zu
einem besseren Menschen werden.**

Wie werde ich ein besserer Mensch?

Nimm dir Vorbilder von Menschen, Wesen, die einen Wesenszug haben, welchen du gerne hättest. Beobachte dieses Wesen neutral, lerne, ahme nach, wiederhole, bis du diesen Wesenszug zu deinem gemacht hat. Dann lasse dein Vorbild liebevoll wieder los, denn du bist alles, was du suchst.
Während dein Tagesbewusstsein beschäftigt ist, nehmen deine Sternengeschwister positive Veränderungen in deiner DNA vor, um aus dir einen erhöhten Menschen zu machen. Dieser Prozess wird von deinem Wunsch, ein besserer Mensch zu werden, unterstützt.

Affirmation:
Ich bin ein liebevolles Wesen und handle stets im Guten.

Die Botschaft deiner Sternengeschwister:
»Im Laufe unserer Entwicklung, die nicht immer zeitlich linear verläuft, haben wir unser inneres Wesen optimiert mit Erfahrungen. Dieses Potenzial steht jedem Erdenmenschen zu. Jeder Mensch hat die Möglichkeit, sich zu einem erhöhten Menschen zu entwickeln.«

Visionskraft
Deine
Vorstellungskraft über
dein zukünftiges Ich
zieht dein zukünftiges
Ich in das Jetzt-Feld.
11

11 VISIONSKRAFT

Deine Vorstellungskraft über dein zukünftiges Ich zieht dein zukünftiges Ich in das Jetzt-Feld.

Wie erschaffst du dich?

Dein Verstand erkennt nur bedingt den Unterschied zwischen Fiktion und Realität in dieser Daseinsebene. Erschaffe dein neues Ich nach deinen Vorstellungen bereits jetzt in deinem Geiste. Dann wirst du es.

Affirmation:

Ich bin alles, was ich sein möchte, jetzt.

Die Botschaft deiner Sternengeschwister:

»Wir sehen dich in deinem ganzen Potenzial, wir sehen deine Zukunft, wie du dieses göttliche Ich bereits lebst. Nimm diese Vorstellung jetzt als deine Realität an.«

Unperfekt perfekt
Sei nicht perfekt.
Sei Entwicklung.
Denn Perfektion ist
Stillstand. Entwicklung
fließt ewig fort.
12

12 UNPERFEKT PERFEKT

**Sei nicht perfekt.
Sei Entwicklung.
Denn Perfektion ist Stillstand.
Entwicklung fließt ewig fort.**

Warum gibt es kein Perfekt?

Lobe dich für alles, was du bis jetzt an positiven Eigenschaften integriert hast. Sei dankbar, dass du diese Erfahrungen machen darfst. Lache, wenn dir etwas hinunterfällt oder etwas nach deinem Maßstab nicht gelungen ist. Siehe alles, was du tust, aus kindlichen Augen. Neugierig, nicht wertend.

Affirmation:
Ich liebe mich so, wie ich jetzt bin.

Die Botschaft deiner Sternengeschwister:
»In der Welt, in der wir als Individuen Erfahrungen machen, ist fortwährende Entwicklung das kosmische Gesetz. Genieße diese unendliche Reise mit uns zusammen.«

Mut
Mutig ist nicht der,
der keine Ängste hat,
mutig ist der,
der sich seinen
Ängsten stellt.
13

13 MUT

Mutig ist nicht der,
der keine Ängste hat, mutig ist der,
der sich seinen Ängsten stellt.

Bin ich mutig?

Vertraue auf deine Fähigkeiten. Es geht um die einzelnen Schritte in deinem Leben. Wir unterstützen dich energetisch dabei. Erkenne an, welche Schritte du erfolgreich bereits geschafft hast.

Affirmation:

Ich habe in jeder Situation vollkommenes Vertrauen.

Die Botschaft deiner Sternengeschwister:

»Die Angst basiert auf dem Glaubenssatz, dass dir etwas geschehen könnte. Wisse, in deiner wahren Existenz, in der Essenz deines Seins geschieht nichts. Denn du bist reine Energie.«

Kommunikation
Wahre göttliche Kommunikation ist der friedliche Austausch aller Beteiligten.
14

Wahre göttliche Kommunikation ist der friedliche Austausch aller Beteiligten.

Wie kommuniziere ich friedlich?

Jedes Wort hat seine eigene Schwingung. Überprüfe in deinem Inneren, welche Resonanz es erzeugt. Positiv? Dann sprich es aus. Mit Druck, Schwere oder Enge? Schau, ob du es wirklich sagen möchtest. Wir können friedlich miteinander umgehen, wenn wir folgende Punkte und Impulse beachten: Respekt vor dem Zustand des Anderen, so wie er gerade ist. Nicht Recht haben wollen. Den Willen, gemeinsam einen Konsens zu finden. Den Wunsch, friedlich miteinander zu wachsen.

Affirmation:

Jedes meiner Worte ist reine Liebe.

Die Botschaft deiner Sternengeschwister:

»Um den Frieden zu wahren und uns gegenseitig zu unterstützen in unserer Entwicklung, ist die friedliche Kommunikation Bedingung zwischen den intergalaktischen Rassen.«

Angst ist Illusion
Angst beruht auf der Illusion, verletzt werden zu können. In unserer Essenz sind wir ganz.
15

15 ANGST IST ILLUSION

Angst beruht auf der Illusion, verletzt werden zu können. In unserer Essenz sind wir ganz.

Was ist unsere Essenz?

Dein wahres Ich ist die pure Energie, die aus der Quelle allen Seins erschaffen wird. Wie könnte dir da etwas passieren, geliebtes Wesen, du bist vollkommen und machst Erfahrungen, um dein Bewusstsein zu erweitern. Die Angst ist das Nichtwissen um diese Quelle.

Affirmation:

Ich bin ein göttliches Wesen. Ich vertraue mir. Jederzeit.

Die Botschaft deiner Sternengeschwister:

»Als intergalaktisches Team im Dienste der Quelle unterstützen wir dich täglich darin, dich in deinem wahren Wesen zu erkennen.«

Zeitlos
Zu jeder Zeit hat es zeitlose Menschen gegeben.
16

16 ZEITLOS

Zu jeder Zeit hat es zeitlose Menschen gegeben.

Was ist ein zeitloser Mensch?

Ein zeitloser Mensch agiert nicht nach den Gedankenmustern und Gepflogenheiten der Zeit, in der er lebt, sondern ist frei in seinem Gedankengut. Innerhalb der Zeit zu reisen ist schon immer möglich gewesen. Nutze dieses Wissen, um dich jetzt aktiv mit dem lichtvollsten zukünftigen Ich zu verbinden und um Downloads zu erhalten.
Impuls: Nutze dies immer zum Wohle des Ganzen.

Affirmation:
Ich bin ein freies zeitloses Wesen.

Die Botschaft deiner Sternengeschwister:
»Wir agieren in den Zeitzonen innerhalb der Dimensionen und nutzen diese Möglichkeit, um im Dienste des göttlichen Planes zu wirken. Wir sind bei dir, wenn wir dich in Zeitreisen mitnehmen.«

Alles ist gut
Glück ist die Erkenntnis, dass alles gut ist, wie es jetzt ist.
17

17 ALLES IST GUT

Glück ist die Erkenntnis, dass alles gut ist, wie es jetzt ist.

Wie werde ich glücklich, oder wie lebe ich glücklich?

Wir können Glücksgefühle jederzeit unabhängig vom äußeren Zustand erzeugen, mit unserem Willen. Es ist eine Übungssache. Hole einen glücklichen Augenblick in dein Tagesbewusstsein. Lebe es! Spüre es! Sehe es!
Halte diese Euphorie so lange, wie es dir möglich ist, und übe dies täglich mehrmals. Du wirst sehen, das Gefühl bleibt immer länger. Kombiniere es mit Dankbarkeit für alles, was dir geschieht. Die Luft, die du atmest, das Bett, in dem du sicher schläfst. Entscheide dich aktiv, glücklich zu sein. Weil es mehr Spaß macht. Gib dies deinen Kindern weiter.
Liebevolles Annehmen der Jetzt-Situation entlässt dich aus der Opferrolle und bringt dich in die Dankbarkeit und in das Glück des jetzigen Lebens.

Affirmation:

Ich bin glücklich. Ich fühle mich leicht, von der Liebe getragen.

Die Botschaft deiner Sternengeschwister:

»Das bewusste Erzeugen des euphorischen Zustandes der Glückseligkeit lernen viele erhöhte außerirdische Rassen bereits in einem frühen Stadium und geben dies an unsere Nachkommen weiter.«

Connected
Meine Gedanken, mein Tun, mein Sein beeinflussen alle anderen Wesen auf diesem Planeten und weit darüber hinaus.
18

18 CONNECTED

Meine Gedanken, mein Tun, mein Sein beeinflussen alle anderen Wesen auf diesem Planeten und weit darüber hinaus.

Wie groß ist mein Einfluss auf die Welt?

Wisse, dass deine Wirkung unendlich ist. Jeder Gedanke, jedes Wort, jedes Tun wirkt sich auf das morphogenetische Feld dieser Erde aus. Auf dieses Wissen kann jeder, der sich dafür öffnet, Zugriff nehmen und von deinen Fortschritten und Erfahrungen profitieren, sodass er nicht selbst alles erfahren und erleben muss. Das bewirkt eine schnellere kollektive Entwicklung der allgemeinen Menschheit. Erkenne an, dass dein Wirken Großes vollbringt.

Affirmation:

Ich wirke jederzeit im göttlichen Bewusstsein.

Die Botschaft deiner Sternengeschwister:

»Die höheren galaktischen Bewusstseinsformen haben ihr Wissen in das morphogenetische Feld auch des Planeten Erde gegeben und davon profitiert die Menschheit.«

Begegnungen
Jede Begegnung ist eine Begegnung mit dir selbst.
19

19 BEGEGNUNGEN

Jede Begegnung ist eine Begegnung mit dir selbst.

Sind wir voneinander getrennt?

Das Wissen, dass wir alle aus dem göttlichen All stammen, lässt dich gnädiger gegenüber deinem Nächsten walten. Wir verhieltest du dich, wenn du wüsstest, dass alles um dich herum eine Verlängerung deines Bewusstseins ist? Im Spiegel-Gesetz erkennst du, dass alles, was dir begegnet, immer mit dir zu tun hat. Ruft es eine Reaktion in dir hervor, ist es ein ungelöster Teil in dir. Erkenne die Lektion dahinter.

Affirmation:
Ich bin eins mit Allem, was ist.

Die Botschaft deiner Sternengeschwister:
»Bewusste höhere Wesen agieren im Wir-Bewusstsein. Und nicht mehr aus der Ich-Perspektive heraus.«

Innere Stille
Je stiller ein Mensch ist in seinem Inneren, desto weniger Wellen schlägt er um sich herum.
20

20 INNERE STILLE

**Je stiller ein Mensch ist
in seinem Inneren,
desto weniger Wellen
schlägt er um sich herum.**

Welche Auswirkungen hat innere Unruhe?

Je unruhiger ein Mensch ist und je mehr Emotionen er hat, desto unruhiger wird sein Umfeld. Dies ist der direkte Einfluss und ist stressig für dich und die, die um dich herum sind. Dein körperliches Gleichgewicht sowie dein Körperwasser werden dadurch negativ beeinflusst. Sorge dafür, dass sich alles in dir beruhigt. Desto wohler wirst du dich fühlen.

Affirmation:

In mir ist alles ruhig und friedlich.

Die Botschaft deiner Sternengeschwister:

»Ab einer gewissen Entwicklungsstufe gibt es weniger Emotionen. Die Wahrnehmung und das Verhalten werden neutraler. Dies ist ein konstanter Zustand, der sehr angenehm ist.«

Selbstliebe
Je mehr Liebe zu dir selbst fließt, desto größer ist deine Fähigkeit, im Außen zu lieben.
21

21 SELBSTLIEBE

Je mehr Liebe zu dir selbst fließt, desto größer ist deine Fähigkeit, im Außen zu lieben.

Wie öffne ich mich für die Selbstliebe?

Die Liebe fängt immer bei dir selbst an. Und diese Liebe fließt über dich hinaus zu den anderen Wesen ins Feld. Öffne dich für deine Liebe. Schaue dir im Spiegel liebevoll in die Augen und siehe, wer du wirklich bist. Lobe dich, umarme dich, und mit dieser Liebe dienst du allen anderen Wesen.

Affirmation:

Ich liebe mich mit allem, was ich bin.

Die Botschaft deiner Sternengeschwister:

»Die Selbstliebe ist aus kosmischer Sicht das Wissen um dein herrliches göttliches Selbst. Die Liebe fließt, wenn du in diesem Wissen erwachst.«

Veränderung
Veränderung geschieht nicht, wenn wir etwas bekämpfen, sondern indem wir etwas Neues erschaffen, wenn etwas Neues geboren wird.
22

22 VERÄNDERUNG

**Veränderung geschieht nicht,
wenn wir etwas bekämpfen,
sondern indem wir etwas Neues erschaffen,
wenn etwas Neues geboren wird.**

Willst du Altes bekämpfen oder Neues erschaffen?

Das Verbleiben in der bestehenden Energie verhindert Fortschritt. Wer das Bestehende bekämpft, verwendet seine Energie zum Erhalten der Situation. Besser ist es, das Energiepotenzial in eine neue Schöpfung zu senden, so dass sich diese manifestiert. Bekämpfe nicht, was ist, nehme an und erschaffe Neues.

Affirmation:

Ich bin die positive Veränderung in meinem Leben. Liebevoll erschaffe ich Neues.

Die Botschaft deiner Sternengeschwister:

»Aus dem Jetzt-Punkt Neues zu erschaffen dient der menschlichen Entwicklung. Wir leben ewigwährend im Jetzt-Punkt.«

Tierwesen
Tierwesen und Menschenwesen befinden sich zeitgleich in einer evolutionären Bewusstseinsentwicklung und wir unterstützen und helfen uns gegenseitig.
23

23 TIERWESEN

Tierwesen und Menschenwesen befinden sich zeitgleich in einer evolutionären Bewusstseinsentwicklung und wir unterstützen und helfen uns gegenseitig.

Stehen Tiere und Menschen auf der gleichen Stufe?

Jedes hier inkarnierte Lebenswesen macht seine Entwicklung durch. Viele Menschen hatten schon Leben als Tierwesen. Aus dieser Perspektive betrachtet, stehen alle Lebewesen gleichwertig auf einer Linie. Viele Tiere, die in der Nähe des Menschen sind, bereiten sich auf ihren nächsten Entwicklungssprung vor, als Mensch zu inkarnieren. Helfen wir ihnen bei ihrer Erfahrung, wie sie auch uns helfen, da sie in ihrem natürlichen Bewusstsein noch näher an der Urquelle sind.

Affirmation:

Ich fühle mich mit allen göttlichen Wesen zutiefst verbunden.

Die Botschaft deiner Sternengeschwister:

Es gibt unendlich viele außerirdische Rassen, die auch physische Bestandteile oder Wesenszüge von Tierwesen haben. Wie bei den Menschen auch, gibt es hier die positiv entwickelten Seelen, aber genauso die weniger lichtvollen. Denn dies ist ihr freier Wille.

Innen & Aussen
Die Veränderung geschieht in dir und manifestiert sich im Außen.
24

24 INNEN & AUSSEN

Die Veränderung geschieht in dir und manifestiert sich im Außen.

Wie verändere ich die äußere Welt?

Verstehe, dass deine äußere Welt ein Spiegel von dir ist und aus dir heraus erschaffen wurde. Du »träumst« dieses Leben und bist dessen Schöpfer. So kann Neues auch nur aus dir heraus erschaffen werden.
Impuls: Je mehr du dich deiner inneren Entwicklung widmest, deine Energie in dich investierst und Eigenschaften wie Friede, Liebe etc. kultivierst, desto harmonischer, friedlicher, leichter und voller Fülle wird sich dein Leben um dich herum erschaffen.

Affirmation:
Frieden in mir. Frieden außen.

Die Botschaft deiner Sternengeschwister:
»Ihr werdet eure innere Schöpferkraft in naher Zukunft dazu nutzen, um eine friedlichere Welt zu erschaffen. Einfach, weil ihr selbst Frieden seid. Wir leben dies.«

Liebe heilt
Die Liebe ist die Essenz der Heilung. Das ist die Kraft, die durch deine Hände strömt und durch dein Herz, wenn du jemandem helfen möchtest oder dir selbst. Wenn du liebst, heilst du.
25

25 LIEBE HEILT

**Die Liebe ist die Essenz der Heilung.
Das ist die Kraft, die durch deine Hände strömt und durch dein Herz, wenn du jemandem helfen möchtest oder dir selbst.
Wenn du liebst, heilst du.**

Wie öffne ich meine Heilkanäle?

Die Liebesfrequenz beinhaltet heilende, harmonisierende Energien. Deine Intention, jemandem zu helfen, bringt diese Energien zum Fließen.

Impuls: Lege deine Hände liebevoll und sanft auf deinen Bauch und dein Herz. Atme ein, damit ziehst du den göttlichen Energiefluss in deine Hände. Und atme aus, damit strömt aus deinen Händen in deinen Körper hinein der göttliche Fluss. Spüre, was geschieht. Warte, bis es warm wird und anfängt zu kribbeln. Genieße diese Liebe zu dir selbst. Nun übe dies bei deinen Pflanzen, Tieren, Menschen. Du bist der Kanal des göttlichen Flusses. Lass geschehen, was geschehen möchte.

Affirmation:

Ich bin Liebe. Meine Liebe heilt.

Die Botschaft deiner Sternengeschwister:

»Die Heilkanäle sind eine der natürlichen Fähigkeiten eines erwachten Menschen. Viele weitere folgen, wie Teleportation, physische Materialisation, das Reisen in der Zeit und sich mit dem Körper an andere Stellen zu teleportieren.«

Fröhliches Herz
Ein fröhliches Herz vermag herausfordernde Umstände in Leichtigkeit zu verwandeln, da es Lösungen gibt.
26

26 FRÖHLICHES HERZ

Ein fröhliches Herz vermag herausfordernde Umstände in Leichtigkeit zu verwandeln, da es Lösungen gibt.

Wie nehme ich das Leben leichter?

Alles, was passiert, ist neutral. Es sind Erfahrungen der Seele. Deine Bewertung ist es, wie du mit deiner Situation umgehst. Bist du in der Schwere, fühlst du dich ausgeliefert (Opfer), wirst du keine Optimierung oder Lösung finden können. Gehst du mit deinem Bewusstsein in leichtere Gefilde, in die Leichtigkeit des Seins, atmest ein und aus, so fällt es dir leichter, eine optimale Lösung für diese Situation zu sehen. »Das Leben ist ein Spiel. Spiele es nach deinen Spielregeln. Und es wird leichter und fröhlicher.«

Affirmation:

Ich bin Leichtigkeit. Ich bin Freude. Ich liebe es zu lachen. Ich lache gerne und viel.

Die Botschaft deiner Sternengeschwister:

»Wir beobachten, dass Menschen mit einem fröhlichen Herzen ihr Leben viel leichter leben als ein Mensch in der gleichen Situation mit weniger Humor und mehr Schwere. Entscheide dich, wie sich das Leben für dich anfühlen darf.«

Der Himmel in dir
Der Himmel ist in dir. In deinem Wesen, in deinen Gedanken, in deinem Tun. Der Himmel ist um dich herum, weil du der Himmel bist.
27

27 DER HIMMEL IN DIR

**Der Himmel ist in dir.
In deinem Wesen, in deinen Gedanken,
in deinem Tun.
Der Himmel ist um dich herum,
weil du der Himmel bist.**

Wie fühle ich die himmlischen Sphären?

Dein wahres Wesen ist immer im ewigen Kreislauf der höheren himmlischen Sphären verbunden. Werde dir des Himmels in dir bewusst. Indem du dich für die Möglichkeit öffnest, dass ein ganzes Universum in deinem Wesen ist, öffnest du dein Bewusstsein dafür. Fühle hinein, spüre den Himmel in dir. Du bist es. Du bist es selbst. Ich liebe dich.

Affirmation:

Ich bin ein himmlisches Wesen. Der Himmel ist immer da.

Die Botschaft deiner Sternengeschwister:

»Wir, die Arkturianer, sind verbunden mit unserem Gott selbst und leben im ständigen Fluss des unendlichen Seins. Diese Entwicklung steht bei euch Menschen in nächster Zukunft an. Wann dies sein wird, liegt an euch selbst.«

Schöpferkraft
Schöpferkraft
gut genutzt
macht dein Leben
leichter, fröhlicher,
erfüllter.
28

28 SCHÖPFERKRAFT

Schöpferkraft gut genutzt
macht dein Leben
leichter, fröhlicher, erfüllter.

Wie erschaffe ich ein fröhliches Leben?

Werde dir deiner Sinne bewusst, rieche, schmecke, berühre. Dies alles bewirkt ein Gefühl der Leichtigkeit und Dankbarkeit im Jetzt-Augenblick. Tanze, lasse das Leben fließen. Das Leben ist leicht. Du erschaffst Leichtes. Aus diesem Bewusstsein erschaffst du deine neue Realität, die von Leichtigkeit und Fröhlichkeit geprägt ist.

Affirmation:

Ich bin Liebe. Ich bin Fröhlichkeit. Ich erschaffe jeden Tag Leichtes.

Die Botschaft deiner Sternengeschwister:

»Dein Schöpfer-Bewusstsein ist mächtig. Nutze es gut. Halte deinen Fokus auf das, was du wirklich erschaffen möchtest.«

Deine wahre Essenz
Die wahre Essenz deines Seins ist Liebe. Du weißt es, du spürst es, du fühlst es, du lebst es in deinem Leben.
29

29 DEINE WAHRE ESSENZ

**Die wahre Essenz deines Seins ist Liebe.
Du weißt es, du spürst es, du fühlst es,
du lebst es in deinem Leben.**

Wie wirkt sich die Liebe in meinem Leben aus?

Du bist Liebe. Es ist dein wahres Sein, deine Erfüllung.
Impuls: Weite deine Liebe in dir nach außen aus. Stelle dir vor, dass deine Lebensenergie sich aus deinem inneren Herzen immer weiter nach außen ausbreitet. Immer größer und größer wird dein Feld der Liebe. Dies ist heilsam für dein ganzes Umfeld und für jeden, der sich in deiner Nähe befindet. Es erfüllt dich ganz. Du bringst Liebe.

Affirmation:
Ich bin unendliche Liebe. Liebe ist in meinem Leben.

Die Botschaft deiner Sternengeschwister:
»Die Liebe durchdringt das ganze Universum. Sie ist das Nährfeld für die Entwicklung aller inkarnierten Wesen auf allen Planeten. Heilsam, ruhig, sich fallenlassend. Wir sind Liebe.«

Innerer Fokus
So wie du die
äußere Welt
wahrnimmst,
widerspiegelt
sie, worauf dein
innerer Fokus
gerichtet ist.
30

30 INNERER FOKUS

So wie du die äußere Welt wahrnimmst, widerspiegelt sie, worauf dein innerer Fokus gerichtet ist.

Worauf ist deine Energie gerichtet?

Nähre das, was du genährt haben möchtest. Deine Energie und deine Aufmerksamkeit sind deine persönlichen Schöpferkräfte. Nährst du Glückseligkeit, Wissen, Frieden und Fülle? Wenn nicht, ist jetzt die Zeit da, damit anzufangen. Jede Minute ist schöpferisch. Du schöpfst dein Leben in diesem Augenblick. »Alles ist möglich für dich.«

Affirmation:

Ich erschaffe jede Minute ein für mich erfülltes Leben.

Die Botschaft deiner Sternengeschwister:

»Wir haben die Schöpferkraft optimiert und sagen dir, dass es auch dir möglich ist, in jeder Zeit ein schönes und erfülltes Leben zu erschaffen. Versuche es, lebe, erfahre es.«

Lebensqualität
Essen, schlafen, trinken. Nichts davon brauchst du, und doch tut es dir gut. Schaue, in welcher Qualität du es zu dir nimmst.
31

31 LEBENSQUALITÄT

**Essen, schlafen, trinken.
Nichts davon brauchst du, und doch tut es dir gut. Schaue, in welcher Qualität du es zu dir nimmst.**

Kann ich mich von körperlichen Bedürfnissen befreien?

Mit welcher Qualität du deinem Körper Gutes tust, dient ihm auf vollkommene Weise in deinen irdischen Inkarnationen. Je höher du schwingst, desto feiner ist deine Nahrung. Denn alles, was du aufnimmst, wird zu deinem neuen Körper. Liebe es, friedlich und gut gebettet zu schlafen in einem heiligen Raum. Liebe es, deinen Körper sanft zu bewegen, so dass es sich für ihn angenehm anfühlt. Liebe es, mit hochwertigen Lebensmitteln deinen Körper zu nähren. Er wird dir danken.

Affirmation:
Ich bin auf allen Ebenen meines Seins vollkommen genährt.

Die Botschaft deiner Sternengeschwister:
»Mit der Verfeinstofflichung deines Körpers durch die Erhöhung deines Lichtquotienten wird der Bedarf an Schlaf, Essen und Bewegung reduziert. Die arkturianische Rasse hat diese Stufe bereits erreicht. Dies ist eine natürliche Anpassung an deine wahre Essenz.«

Jungbrunnen
Der Jungbrunnen in dir wird aktiviert, wenn du dein Leben mit Leichtigkeit siehst.
32

Der Jungbrunnen in dir wird aktiviert, wenn du dein Leben mit Leichtigkeit siehst.

Wie bleibe ich jung, wie verjünge ich mich?

Die Energie der Leichtigkeit und des Fröhlichseins ist jung und frisch. Entsprechend formt sich deine körperliche Hülle nach deinem inneren Gefühl. Je länger du in Leichtigkeit lebst und mit dem Leben spielst, desto jünger wirst du werden. Dein Körper und dein Gesicht sind nichts weiter als manifestierte Energie. Und diese Energie wird genährt von deinem inneren Gefühl. Eine nächste Stufe ist das göttliche Dienen, hier wird dein Lichtquotient nochmals deutlich angehoben und damit nimmt die Verjüngung weiter zu.

Affirmation:

Jeden Tag werde ich jünger. Ich verjüngere mich.
Ich bin jung und leicht.

Die Botschaft deiner Sternengeschwister:

»Altern gehört zum biologischen Leben, entspricht einer tieferen Stufe der Realität. Je höher du schwingst, desto mehr befreist du dich von dieser Möglichkeit und wirst länger jung bleiben in dieser Inkarnation.«

Evolution
Die evolutionäre Entwicklung der Menschen beschleunigt sich, wenn das Bewusstsein auf die höheren Ebenen gelenkt wird.
33

33 EVOLUTION

Die evolutionäre Entwicklung der Menschen beschleunigt sich, wenn das Bewusstsein auf höhere Ebenen gelenkt wird.

Wie beschleunige ich meine Entwicklung?
Wie bringe ich mein Bewusstsein auf höhere Ebenen?

Durch das tägliche Fokussieren auf die höheren Ebenen werden wir selbst wieder zu dieser lichtvollen Ebene. Reflektiere auch deine Gedanken und dein Tun. Und wenn du mal nicht lichtvoll gehandelt oder gedacht hast, entwerfe eine neue, lichtvolle Reaktion. Verinnerliche sie, wiederhole sie und wende sie bei nächster Gelegenheit an.

Affirmation:
Ich bin das Licht und wirke lichtvoll.

Die Botschaft deiner Sternengeschwister:
»In den höheren Ebenen ist deine wahre Essenz. Als Mensch entfaltest du die vielen Schalen um dich herum, bis du dich wieder als reine Lichtessenz wahrnimmst.«

DNA Codes
Die menschliche DNA enthält codierte Informationen von anderen Planeten. Diese Codierungen werden mit dem erwachten Bewusstsein des Menschen nach und nach entschlüsselt.
34

34 DNA CODES

Die menschliche DNA enthält codierte Informationen von anderen Planeten. Diese Codierungen werden mit dem erwachten Bewusstsein des Menschen nach und nach entschlüsselt.

Wie beeinflusst mein früheres außerirdisches Leben diese Inkarnation?

Du hattest so viele Leben in verschiedenen Welten. Die Erfahrungen sind in der Akasha Chronik gespeichert. Inkarnierst du als Mensch, manifestiert sich dieses Wissen in den embryonalen Zellen und bringt die außerirdische DNA hinein. Dies ist möglich, da der Geist immer die Materie erschafft. Einem aufgewachten Mensch erschließt sich der Zugang zu seinen anderen Inkarnationen, und nach und nach entfalten sich die zuvor gelernten Fähigkeiten, auch die von den anderen Planeten. Diese befähigen ihn, in dieser Inkarnation seinen Lebensplan vollends zu erfüllen. Die außerirdischen Informationen können sich anfangs mit geometrischen Symbolen oder einer (Licht)Sprache zeigen. Mit erhöhtem Verständnis entschlüsselt sie sich nach und nach auf natürliche Weise.

Affirmation:

Alle Informationen, die ich für die Erfüllung meines Lebensplanes brauche, sind jetzt in meinem Tagesbewusstsein da.

Die Botschaft deiner Sternengeschwister:

»Viele galaktische Wesen können auf all ihre Erfahrungen zugreifen und gehen nicht ins Vergessen wie bei einer menschlichen Geburt. Darum wertschätzen und respektieren wir euren Mut zu dieser menschlichen Inkarnation.«

Galaktischer Austausch
Die immer friedvoller werdende Kommunikation der Menschen eröffnet Schritt für Schritt die galaktische Kommunikation mit anderen Sternengeschwistern.
35

35 GALAKTISCHER AUSTAUSCH

Die immer friedvoller werdende Kommunikation der Menschen eröffnet Schritt für Schritt die galaktische Kommunikation mit anderen Sternengeschwistern.

Wie nehme ich Kontakt mit außerirdischen Wesen auf?

Die friedliche Kommunikation unter den Menschen ist eine erste Brücke für die Kontaktaufnahme mit den höheren Wesen aus der Galaxis. Eine offene Haltung, in der wir nicht wertend auf neue Situationen reagieren, ermöglicht den ersten Kontakt. Viele Lichtarbeiter geben dir täglich liebevolle Impulse für ein noch friedlicheres Zusammensein. Du erkennst die lichtvollen Botschaften, weil diese eine liebevolle und nicht wertende Energie enthalten. Auch nachts begleiten wir euch und leiten Impulse weiter.
Impuls: Schreibe deine Träume auf.

Affirmation:

Meine friedliche Kommunikation eröffnet mir Zutritt zu vielen lichtvollen Welten mit lichtvollen Wesen.

Die Botschaft deiner Sternengeschwister:

»Auf der telepathischen Ebene sind wir schon lange in Kontakt mit vielen inkarnierten Seelen auf der Erde. Der physische folgt vereinzelt und wird in naher Zukunft deutlich zunehmen.«

Sternengeschwister
Seit Äonen von Jahren begleiten wir die Menschen bei ihrer Entwicklung.
36

36 STERNENGESCHWISTER

Seit Äonen von Jahren begleiten wir die Menschen bei ihrer Entwicklung.

Was verbindet uns Menschen mit den Arkturianern?

Im früheren Entwicklungsstadium der menschlichen Rasse auf diesem Planeten wurde im Zusammenwirken der Arkturianer mit anderen höheren galaktischen Spezies die jetzige menschliche Rasse in ihrer physischen DNA optimiert. Außerirdische Informationen wurden eingearbeitet oder eingepflanzt. Dies wurde gemacht, um eine Beschleunigung der Entwicklung zu ermöglichen. Somit hat die kommende Seele für ihre Inkarnation ein besseres Gefäß (den Körper) mit mehr Fähigkeiten zur Verfügung, um ihre Erfahrungen hier auf Erden zu sammeln.

Affirmation:

Ich bin verbunden mit allem, was ist.
Ich fühle meine Sternengeschwister in mir.

Die Botschaft deiner Sternengeschwister:

»Wir begleiten dich. Bei aufwachenden Menschen optimieren wir die DNA für weitere Fähigkeiten, die ihnen helfen, ihren Lebensplan optimal zu erfüllen.«

Freier Wille
Du bist frei.
Alles, was du tust, ist dein freier Wille und du tust dies freiwillig. Darum können wir niemandem im Außen die Verantwortung über unser Leben geben.
37

37 FREIER WILLE

**Du bist frei.
Alles, was du tust, ist dein freier Wille
und du tust dies freiwillig.
Darum können wir niemandem im Außen die
Verantwortung über unser Leben geben.**

Wie lebe ich frei, ohne etwas »zu müssen«?

Jede deiner Lebenssituationen ist aus deiner Schöpferkraft entstanden. Schöpferisch hast du immer freiwillig gehandelt, wenn auch vielfach unbewusst. Ein Beispiel: Du möchtest dein Haus behalten, dein Auto, deine Kleidung. Niemand steht mit der Peitsche hinter dir und zwingt dich dazu, zu arbeiten. Wenn du erkennst, dass die Konsequenzen aus deinem freiwilligen Handeln zum Beispiel sein könnten, dass, wenn du deine Rechnungen nicht bezahlst oder nicht arbeitest, du halt unter der Brücke schläfst, vermittelt dir das Gefühl deines freiwilligen Handelns, du möchtest das Haus, du möchtest die Kleidung etc. Dies ist alles freiwillig. Wenn du aus deinem Wortschatz das Wort »müssen« herausnimmst, gibt dir das ein Gefühl des freiwilligen Tuns. Alles, was du tust, ist freiwillig. Du erschaffst dein Leben freiwillig mit dem, was du möchtest. Dies ist eine ganz andere Energie.

Affirmation:

Ich bin frei in allem, was ich tue.

Die Botschaft deiner Sternengeschwister:

»Ein erhöhter Mensch oder ein erhöhtes Bewusstsein erkennt die Verantwortung für die eigene Schöpfung.«

Mutter Erde
Die Kraft der Mutter Erde stärkt deinen Körper, weil du aus der Mutter Erde geboren bist.
38

38 MUTTER ERDE

Die Kraft der Mutter Erde stärkt deinen Körper, weil du aus der Mutter Erde geboren bist.

Warum stärkt die Mutter Erde meinen Körper?
Wie lade ich meinen Körper mit Energie auf?

Der physische Baustoff deines Körpers stammt aus der Mutter Erde. Jede Zelle ist von ihr mit ihrem »Körper« gespeist worden. Deshalb lädt sich dein Körper auf, wenn du dich in der Natur bewegst.

Impuls: Bitte die Mutter Erde darum, dass sie alle Nährstoffe, die du brauchst für eine perfekte Gesundheit, zu dir führt. Das ist eine Intention. Es gibt verschiedene Möglichkeiten, wie sie dies tut. Zum Beispiel über die Ernährung oder mittels energetischer Informationen der Nährstoffe, die die Erde direkt in deinen Körper leitet. »Alles ist möglich, wenn du es dir vorstellen kannst.« Genauso ist es mit dem Energielevel. Bitte darum, dass die Mutter dich wie eine Batterie an der Ladestation auflädt. Dafür benötigst du nur eine offene Geistes- und Körperhaltung.

Affirmation:

Ich bin ein Teil des Ganzen. Mutter Erde nährt mich auf wunderbare und vollkommene Weise.

Die Botschaft deiner Sternengeschwister:

»Die Mutter Erde ist ein lebendiges Bewusstsein. Ausgestattet mit dem natürlichen Bestreben, dass ihre Schöpfungen (die Kinder der Erde) sich gut entwickeln können.«

Dein eigener Kosmos
Du bist Schöpfer deines eigenen Kosmos.
39

39 DEIN EIGENER KOSMOS

Du bist Schöpfer deines eigenen Kosmos.

Wie erschaffe ich eine neue Welt?

Öffne dich für die Möglichkeit, dass du selbst in der Lage bist, einen eigenen Kosmos zu erschaffen. Fange mit kleinen Schöpfungen an. Halte deine Hände so, dass sich dazwischen eine Kugel formen könnte. Stelle dir vor, was alles in dieser Kugel (in deinem Kosmos) ist. Von der Atmosphäre über die Fauna und die Wesen darin. Fühle, wie es lebendig wird. Dies ist dein eigener kleiner Kosmos. Geh mit deinem eigenen Bewusstsein hinein, spüre es, lebe es, tanke auf und komme wieder zurück. Dies ist der Anfang.

Affirmation:

Ich erschaffe alles in göttlicher Liebe.

Die Botschaft deiner Sternengeschwister:

»Du fängst mit kleinen, bewussten Schöpfungen an und erweiterst diese mit dem göttlichen Verantwortungsbewusstsein immer mehr. So erschaffen wir neue Welten.«

Energiefäden
Sei dir der Verbindung mit allen Wesen auf dieser Existenzebene bewusst. Die energetischen Verbindungsfäden befördern unentwegt Informationen von einem zum anderen Wesen. Diese Informationen werden sich bei einem wachen Geist ins Tagesbewusstsein entfalten.
40

40 ENERGIEFÄDEN

Sei dir der Verbindung mit allen Wesen auf dieser Existenzebene bewusst. Die energetischen Verbindungsfäden befördern unentwegt Informationen von einem zum anderen Wesen. Diese Informationen werden sich bei einem wachen Geist ins Tagesbewusstsein entfalten.

Bin ich mit allen Menschen verbunden? Und wie sieht diese Verbindung aus?

Unentwegt fließen alle gemachten Erfahrungen als codierte Informationen in die Akasha-Chronik dieser Erde. Nichts geht verloren. Dies hat den Vorteil, dass von einem Individuum gemachte Erfahrungen anderen Wesen in einem ähnlichen Stadium zur Verfügung stehen, wenn diese ihre Antennen offen halten. Mit unseren Antennen richten wir uns täglich auf die höheren Ebenen aus.

Affirmation:

Liebevolle Informationen fließen von mir zu dir und dienen uns allen.

Die Botschaft deiner Sternengeschwister:

»Diese Verbindungsfäden sind für uns kosmische Wesen sichtbar als codierte Lichtbahnen im feinstofflichen Bereich. Lichtbahnen sind für Menschen wahrnehmbar als eine plötzliche Eingebung, die Lösung eines Problems oder als Inspiration für ein neues Projekt.«

Gruppenbewusstsein
Für jedes Lebewesen, ob Tier, Mensch oder Pflanze, gibt es einen Schöpfer. Nur ist es nicht immer der Gleiche.
41

41 GRUPPENBEWUSSTSEIN

Für jedes Lebewesen, ob Tier, Mensch oder Pflanze, gibt es einen Schöpfer. Nur ist es nicht immer der Gleiche.

Gibt es nicht nur einen Schöpfer?

Die Schöpferkraft ist ein natürlicher Teil unsere Essenz. Je höher dein Bewusstsein ist, desto mehr bist du wieder mit deinen natürlichen Gaben vereint. Die Menschen erschaffen zuerst ihr Leben und in naher Zukunft auch andere Lebensformen und Lebensräume. Auch wenn wir aus der All-Eins Quelle stammen, wollen wir individuelle Erfahrungen mit unseren Schöpfungen machen. Darin ist immer ein Teil der eigenen Essenz enthalten. Mit viel Verantwortung dürfen wir unsere Manifestationsideen zuerst in unserem Leben nutzen und sie darüber hinaus nach und nach ausweiten.

Affirmation:

Ich schöpfe aus der göttlichen Liebe alles um mich herum.

Die Botschaft deiner Sternengeschwister:

»Der Grund, warum wir Arkturianer euch Menschen begleiten, ist, dass ihr ein Teil unserer Schöpfung seid. Wir sind verantwortlich und begleiten euch auf euren Wegen.«

Pflanzenkraft
Die Pflanzenkraft als Nahrungs- oder Heilquelle ist eine der reinsten Formen in der grobstofflichen Welt. Die Energie der Pflanzen hebt unser Bewusstsein an.
42

42 PFLANZENKRAFT

Die Pflanzenkraft als Nahrungs- oder Heilquelle ist eine der reinsten Formen in der grobstofflichen Welt. Die Energie der Pflanzen hebt unser Bewusstsein an.

Hebt die pflanzliche Nahrung das Bewusstsein an?

Alles, was wir aus Nahrung zu uns nehmen, wird verwendet, um neue Zellen zu erschaffen. Wir erneuern unseren gesamten Körper alle paar Jahre. Je hochwertiger die Nahrung ist, desto hochwertiger ist der Körper, der sich daraus entwickelt. Nun, was ist hochwertig? Damit ist der Lichtquotient gemeint, auch bekannt als »lebendige« Nahrung. Wenn wir den Körper eines anderen Wesens essen, verleiben wir uns auch das Leid, den Schmerz und sogar die Charaktereigenschaften dieses Wesens ein. In etwas milderer Form ist dies auch bei tierischen Produkten wie Milch und Käse der Fall. Im Pflanzen ist ein hoher Anteil an gespeichertem Sonnenlicht (Chlorophyll) enthalten. Dies, in roher Form gegessen, ist eine der lebendigsten Arten von Nahrung. Impuls: Achte darauf, wie du dich jeweils nach einer Mahlzeit fühlst. Energiegeladen oder müde?

Affirmation:

Ich höre liebevoll auf meinen Körper und gebe ihm alles, was ihm gut tut. Ich ernähre mich göttlich.

Die Botschaft deiner Sternengeschwister:

»Die Pflanzen-Energie ist eine reine Form der Nahrung, die das Bewusstsein der Menschen anhebt, sodass sie feinfühliger werden. Hellsichtigkeit, Hellhören, Hellfühlen, Hellwissen basieren auf der feineren Schwingung der Nahrung.«

Kosmische Entwicklungshilfe
Wir, eure Sternen-geschwister, stehen euch bei eurer Entwicklung in dieser Inkarnation immerwährend zur Seite.
43

43 KOSMISCHE ENTWICKLUNGSHILFE

Wir, eure Sternengeschwister, stehen euch bei eurer Entwicklung in dieser Inkarnation immerwährend zur Seite.

Sind außerirdische Wesen immer an meiner Seite?

Viele von euch hatten Inkarnationen auf anderen Planeten und damit eine Familie. Dieses Band der Liebe veranlasst uns, die geliebten Brüder und Schwestern immer zu begleiten. Das ist auch deine Sehnsucht, die du spürst, wenn du in den Sternenhimmel schaust. Du vermisst deine Geschwister und deine Familie. Die Begleitung deiner Sternengeschwister beinhaltet, dass sie dir laufend Impulse geben, wie du diese Inkarnation leichter gestalten kannst. Sie manifestieren auch leichtere Bedingungen oder Lebenssituationen für dich, wenn es dein Seelenplan zulässt.

Affirmation:

Ich bin mit allen meinen Lieben innigst verbunden.

Die Botschaft deiner Sternengeschwister:

»Wir sind von Geburt an bei dir. Wir sind auch bei dir, wenn du aus diesem Leben wieder in die feinstoffliche Ebene wechselst. Und vielleicht wirst du das nächste Mal wieder auf unseren Planeten inkarnieren.«

Lichtkokon
Der Lichtkokon hüllt dich ein mit hochfrequenten Energien aus den höheren Ebenen. Dies dient der Regeneration, der Heilung und dem Anpassen deiner DNA.
44

44 LICHTKOKON

Der Lichtkokon hüllt dich ein mit hochfrequenten Energien aus den höheren Ebenen. Dies dient der Regeneration, der Heilung und dem Anpassen deiner DNA.

Wozu dienen Licht-Kokons?

Die Licht-Kokons dienen zur Heilung und zur Regeneration des irdischen Körpers. Sie umhüllen den gesamten Körper mit Lichtkraft. Die feinstofflichen Körper des Menschen werden ebenfalls gereinigt. Mit Lichtimpulsen und Lichtinformationen wird der Körper geflutet und in der Lichtfrequenz angehoben. Dies geschieht während der Ruhephasen des irdischen Körpers. Geleitet werden diese regelmäßigen »Kokon-Sitzungen« durch das Lichtteam des Menschen in Kooperation mit höheren außerirdischen Geschwistern.

Affirmation:

Ich bin vollkommen sicher und nehme die lichtvollen Dienste zu meinem Wohle an.

Die Botschaft deiner Sternengeschwister:

Diese außerirdische Technologie wird manchmal auch bei vollem Bewusstsein des Menschen angewendet, wenn er ein gewisses Verständnis für die Vorgänge hat. Es dient jedes Mal zur Erhöhung des Lichtkörpers.

Lichtkörperprozess
Dein Lichtkörperprozess wird beschleunigt. Die Wahrnehmungen deiner hellsichtigen, hellhörigen, hellfühligen Fähigkeiten nehmen zu.
45

45 LICHTKÖRPERPROZESS

Dein Lichtkörperprozess wird beschleunigt. Die Wahrnehmungen deiner hellsichtigen, hellhörigen, hellfühligen Fähigkeiten nehmen zu.

Was ist der Lichtkörperprozess?

Der Lichtkörperprozess ist einfachheitshalber in verschiedene Stufen eingeteilt, welche aber nicht alle linear verlaufen. Je höher deine Schwingung ist, desto mehr kommen deine natürlichen Fähigkeiten wie Hellhören, Hellsehen, Hellfühlen, Hellriechen zum Vorschein. Dies sind Wahrnehmungsinstrumente, um Impulse aus den höheren Ebenen besser zu empfangen. Nun nimmt der Lichtkörperprozess jeden Tag hier auf Erden zu. Dies geschieht, damit die hier inkarnierten Lichtarbeiter schneller ihrer Bestimmung folgen können. Darum habt ihr momentan auch so viele Themen zu lösen, um dem kollektiven Feld der Menschen zu dienen und ihnen in ihrer Entwicklung zu helfen.

Affirmation:

Ich bin ein liebevoller Lichtbote.
Ich bin ein göttliches Wesen.

Die Botschaft deiner Sternengeschwister:

Wir überwachen den Lichtkörperprozess des Menschen und begleiten dich durch die Symptome des Aufstiegs. Bei Bedarf mildern wir auch die Symptome ab. Wir sind immer bei dir. Frage uns, wenn wir dir Erleichterung schaffen dürfen.

Lebenskunst
Die Kunst des wachsamen Lebens zelebrieren.
46

46 LEBENSKUNST

Die Kunst des wachsamen Lebens zelebrieren.

Warum ist jeder Augenblick so wertvoll?

Jeder Augenblick ist wertvoll. Jeder Schritt, den du tust, ist wichtig. Lebe im Jetzt und fühle Dankbarkeit für alles, was dir Wunderbares geschieht. In jeder Minute deines Seins vermagst du dein ganzes Leben in eine neue Richtung zu bringen. Du entscheidest, wie du lebst. Die Engel unterstützen dich auf deinem lichtvollen Wege.

Affirmation:

Ich lebe jeden Augenblick meines Lebens in vollstem Bewusstsein. Ich bin dankbar.

Die Botschaft deiner Sternengeschwister:

Du kamst in dieses Leben, um genau hier und jetzt zu sein. Erkenne diese Weisheit, damit du dein Leben JETZT lebst.

Über Nancy Holten

Nancy Holten – eine Frau mit wunderbaren transformierenden Gaben. Das international etwa aus den Medien und sozialen Netzwerken bekannte Medium Nancy Holten, die im TV oder in Channels heilbringend für uns wirkt, ist mit einem erhöhten Bewusstsein in dieser Inkarnation gelandet. In den sozialen Netzwerken, wie YouTube, Telegram, Facebook und Instagram, hat sie weit über 120.000 Follower. Ihre täglich wachsende Community trägt dazu bei, dass sich Gleichgesinnte untereinander verbinden, vernetzen und austauschen können, dass Menschen zueinander finden, die zum Wohle des Ganzen dienen möchten.

Nancy Holten trägt Engelsenergien in sich und bringt die Menschen durch ihre Weisheit, Freude und Leichtigkeit wieder in ihr Herzzentrum. Als Mutter von drei Töchtern ist sie voller Tatkraft und neuer Ideen, wie man die Welt noch ein Stückchen besser gestalten kann.

Sie wirkt als spiritueller Coach, TV-Moderatorin, Schauspielerin im TV und Model, und auf ihrem YouTube-Kanal erfährt sie live Energie-Erhöhungen, die sie direkt an die Zuschauer weitergibt. Dabei channelt sie verschiedene lichte Wesen. Nancys Intention ist es, als reinster Kanal für die höheren Ebenen zum Wohle des Ganzen zu dienen. Dafür wirkt sie mit ihrem Leben.

Ihr Wissen sowie Energie-Erhöhungen aus der feinstofflichen Welt gibt Nancy an die Menschen weiter, um sie in ihrer Lichtkörper-Entwicklung zu begleiten.

Wenn von der Seele des Menschen gewünscht, so öffnet Nancy feinstoffliche Kanäle wie Hellsehen, Hellfühlen, Hellhören und den Heilkanal. Seit ihrer frühen Kindheit ist sie mit Mutter Erde und all deren Wesenheiten verbunden, und schon seit Langem engagiert sie sich sehr für den Tierschutz. Es liegt Nancy am Herzen, die Menschen für diese Themen zu sensibilisieren, damit Mensch, Tier und Natur wieder in Einklang kommen.

Seit 2005 ernährt sie sich vegan, hauptsächlich mit Rohkost. Menschen in ihre Kraft zu bringen, sodass sie selbst zu einem Lichtträger werden und die Erde mit ihrem Licht speisen – diesem großen Anliegen hat Nancy Holten ihr Leben gewidmet. Mutig geht sie als Vorbild für viele Menschen ihren Weg getreu ihrer Lebensweise: »Mir ist wichtig, mich dafür einzusetzen, wofür mein Herz schlägt.« Angst vor den Reaktionen anderer Menschen, sagt Nancy, zeugt von Anpassung: »Dann verliert man sich.« Doch diese Schwäche können wir, wie viele unserer menschlichen Bedingtheiten, liebevoll und im kosmischen Vertrauen überwinden.

Ihre Lichtfrequenz erhöht Nancy in ihren Zellen, indem sie sich täglich mit ihrem Lichtteam in den höheren Ebenen aufhält und dort Lektionen und Downloads erfährt. Ihre Intention ist es, der lichtvollen Ebene zu dienen, sodass der Himmel auf Erden kommen möge.

Wir freuen uns sehr, diese berührende und verwandelnde Qualität von Nancy mit der Herausgabe dieses Kartensets zu unterstützen. Mögen alle wundervollen Wesen, Mensch, Tier, Pflanzen und Erde, auf dem Weg der Heilung voranschreiten.

Visionen von einer Neuen Zeit

GAIA - Garden of Galaxy

Bei uns wird sie manifestiert und gelebt! Ein Portal wird geboren. Hier erwarten euch Tools, ihr findet Freunde und Seelenfamilien kommen wieder zusammen. Wir erschaffen gemeinsam einen Raum, in dem wir neue Realitäten betreten und uns erinnern, aus welchen Welten und Dimensionen wir kommen. Wir erkennen unsere Schöpferkraft und unsere Verantwortung. Wir erinnern uns an unsere multidimensionale Herkunft und an unseren Auftrag, mit dem wir mutig in dieses Leben gestartet sind.
Uns ist bewusst, dass jeder Mensch ein Aspekt von allem ist, dass wir alle miteinander verbunden sind und wir eins sind. Liebevolles Hinsehen, Eigenverantwortung und das Integrieren unserer Vergangenheit, Gegenwart und Zukunft in das JETZT sind das neue Reset.

Wenn ihr dabei sein möchtet, dann lasst uns über den Newsletter miteinander verbinden:

www.levin-iseeyou.com

Ich freue mich auf euch,
Levin Jeffrey Lamb

LEVIN
I see YOU

WANDKALENDER 2023 (DIN A 4, 14 Blatt)
erhältlich ab Juli 2022, ca. D 15,95 €

Christina von Dreien

Kalender 2023: Die Gaben der Neuen Kinder

ISBN 978-3-98719-003-2

Nancy Holten

Kalender 2023: Call of our Cosmic Roots

ISBN 978-3-98719-004-9

Martin Zoller

Kalender 2023: Prophezeiungen

ISBN 978-3-98719-005-6

Levin Jeffrey Lamb, Leilani Meuser

Kalender 2023: Quanten Defibrillator

ISBN 978-3-98719-006-3

Christina von Dreien

Kartenset:
Tools für die Neue Zeit

46 Karten für Visionen von Frieden, Liebe und Bewusstsein

46 Karten mit Begleitbuch D € **24,95**

ISBN 978-3-9823517-0-4

Das Kartenset steht auch als App im Apple App Store für iPhone und iPad sowie im Google Play Store für Smartphones und Tablets zum Download zur Verfügung.

GET IT ON Google Play

Download on the App Store

Kinder erinnern uns an unser universelles Erbe. Was wir wirklich sind, können wir nicht ewig vergessen.

Christina von Dreien

Kartenset: Die Gaben der Neuen Kinder

46 Karten mit Impulsen, eine Neue Welt zu gestalten.

Kinder erinnern uns an unser universelles Erbe.
Was wir wirklich sind, können wir nicht ewig vergessen.

46 Karten mit Begleitbuch D € **29,95**

ISBN 978-3-9823517-4-2

Das Kartenset steht auch als App im Apple App Store für iPhone und iPad sowie im Google Play Store für Smartphones und Tablets zum Download zur Verfügung.

GET IT ON Google Play

Download on the App Store

Erwecke und schule deine medialen Fähigkeiten

Martin Zoller • Levin Jeffrey Lamb

»Cosmic Reading«

Intuition & Medialität im Alltag

Arbeitsbuch

ca. 200 Seiten, Paperback D ca. € **14,95**

ISBN 978-3-9823517-7-3

Sigrid Beckmann-Lamb

CD: Weckruf für die Neue Menschheit

Erinnere dich! Die Zeit ist da.

1 Audio CD ca. 70 Minuten
D € **33,00**

ISBN 978-3-9823517-2-8

Lass dich in der Tiefe deiner Seele von Sigrid Beckmann-Lamb berühren. Du wirst spüren, dass in sämtlichen Zellen die Erinnerung an die Wahrheit, die wahre Herkunft und deine eigene Göttlichkeit geweckt wird. Betrete das heilige Innere deines Körpers und erfahre die Einheit auf allen Ebenen und Dimensionen. Es ist deine Aufgabe in diesem Leben, das universelle Wissen nicht nur von der Erde, sondern auch von anderen Welten in deinem Körper zum Ausdruck zu bringen und zu verbreiten.

Du wurdest geboren, um Himmel und Erde zu vereinen. Die Tore von Raum und Zeit werden sich öffnen. Wir erschaffen jetzt gemeinsam die Neue Zeit und bringen das Paradies wieder auf die Erde. Beim Hören dieses Weckrufes werden wir uns erinnern, wir fühlen die Liebe zu allem, was ist. Es geht um die Vervollkommnung der eigenen Person und die eigene Weiterentwicklung. Wir können unbewusstes Handeln erkennen, um Kraft zu gewinnen, andere zu fördern und inneres Wissen zu mehren.

ISBN 978-3-9823517-3-5

ISBN 978-3-9823517-8-0

Nancy Holten
»Call of our Cosmic Roots«
Der Ruf unserer
Sternengeschwister
© Copyright 2022

Umschlag & Layout: Ute Leilani Meuser
Collagen: Rebecca Schwarz
Printed in NL
LEVIN - I SEE YOU LTD
Cardiff, United Kingdom
Deutsche Repräsentanz:
Rosenheim, Germany

www.levin-iseeyou.com

1. Auflage April 2022